Arduino: Scopri Tutti i Segreti per lo Sviluppo e la Programmazione del Microcontrollore per Maker e Hobbisti. Contiene Esempi di Codice ed Esercizi Pratici.

Oscar R. Frost

Published by Oscar R. Frost, 2024.

While every precaution has been taken in the preparation of this book, the publisher assumes no responsibility for errors or omissions, or for damages resulting from the use of the information contained herein.

ARDUINO: SCOPRI TUTTI I SEGRETI PER LO SVILUPPO E LA PROGRAMMAZIONE DEL MICROCONTROLLORE PER MAKER E HOBBISTI. CONTIENE ESEMPI DI CODICE ED ESERCIZI PRATICI.

First edition. February 12, 2024.

ISBN: 979-8224588817

Written by Oscar R. Frost.

Also by Oscar R. Frost

Raspberry Pi: Scopri Tutti i Segreti per lo Sviluppo e Programmazione del Micro Computer per Maker e Hobbisti. Contiene Esempi di Codice ed Esercizi Pratici

MySQL: Guida Completa ai Database SQL per Principianti. Contiene Esempi di Codice ed Esercizi Pratici.

Arduino: Scopri Tutti i Segreti per lo Sviluppo e la Programmazione del Microcontrollore per Maker e Hobbisti. Contiene Esempi di Codice ed Esercizi Pratici.

Sommario

Premessa

Sin da bambino, sono sempre stato affascinato dallo scoprire come funzionassero gli oggetti, quindi spesso li smontavo per capirne qualcosa in più. Questa passione è cresciuta quando ho preso di mira qualsiasi oggetto inutilizzato in casa e poi l'ho smontato in piccoli pezzi. Alla fine, amici e parenti hanno iniziato a portarmi tutti i tipi di dispositivi per poterli sezionare.

I miei progetti più grandi all'epoca erano una lavastoviglie e un computer proveniente da un amico, che aveva un'enorme stampante, schede elettroniche, lettori di schede magnetiche e molte altre parti che si rivelarono interessanti e difficili da smontare completamente. Dopo un bel po' di queste analisi, sapevo cosa fossero i componenti elettronici e più o meno cosa facessero.

Inoltre, la mia casa era piena di vecchie riviste di elettronica, ho passato ore a leggere gli articoli e guardare gli schemi dei circuiti senza capire molto. Tuttavia, la lettura degli articoli più e più volte, con il beneficio della conoscenza acquisita smontando i circuiti, ha creato un lento circolo virtuoso.

Un grande passo in avanti è arrivato quando mio padre mi ha regalato un kit che permetteva agli adolescenti di conoscere l'elettronica. Ogni componente era alloggiato in un cubo di plastica che si agganciava magneticamente insieme ad altri cubi, stabilendo una connessione; il simbolo elettronico era scritto in alto.

Con questo nuovo strumento, ho potuto mettere insieme rapidamente i circuiti e provarli per vedere cosa succedeva quindi il ciclo di prototipazione stava diventando sempre più breve. Dopodiché, ho costruito radio, amplificatori, circuiti che avrebbero prodotto rumori orribili e suoni piacevoli, sensori di pioggia e minuscoli robot.

Ho passato molto tempo alla ricerca di una parola inglese che riassumesse quel modo di lavorare senza un piano specifico, iniziando con un'idea e finendo con un risultato completamente inaspettato. Alla fine, ho pensato alla parola "armeggiare" e la migliore definizione di armeggiare che abbia mai trovato viene da una mostra tenutasi all'Exploratorium di San Francisco: armeggiare è ciò che accade quando provi qualcosa che non sai come fare, guidato dal capriccio, dall'immaginazione e dalla curiosità.

Quando si armeggia, non ci sono istruzioni, ma non ci sono nemmeno fallimenti, né modi giusti o sbagliati di fare le cose, si tratta di capire come funzionano le cose e rielaborarle.

In seguito, ho appreso le basi della matematica binaria e della programmazione. Lì ho capito che in molte applicazioni, gli ingegneri non stavano più costruendo circuiti a partire da componenti di base, ma stavano invece implementando una vera e propria intelligenza nei loro prodotti usando microprocessori. Il software stava sostituendo molte ore di progettazione elettronica e avrebbe consentito un ciclo di prototipazione più breve.

Allora ho iniziato a risparmiare, perché volevo comprare un computer per imparare a programmare. Dopo averlo comprato, è diventato chiaro che la scrittura di righe di codice avrebbe richiesto meno tempo rispetto alla modifica di circuiti complessi. Diversi anni dopo, mi piacerebbe pensare che questa esperienza mi permetta d'insegnare a persone che non ricordano nemmeno di aver preso lezioni di matematica e d'infondere loro lo stesso entusiasmo e la stessa capacità di armeggiare che avevo in gioventù e ho mantenuto da allora.

CAPITOLO 1

Arduino

Arduino è una piattaforma di elaborazione fisica open source, basata su una semplice scheda d'input / output (I/O) e un ambiente di sviluppo che implementa il linguaggio di elaborazione.

Arduino può essere utilizzato per sviluppare oggetti interattivi autonomi o può essere collegato a software sul computer (come Flash, Processing, VVVV o Max / MSP). Le schede possono essere acquistate in due varianti: assemblate a mano o pre-assemblate, inoltre, l'IDE open source (Integrated Development Environment) può essere scaricato gratuitamente.

Arduino si differenzia dalle altre piattaforme sul mercato per queste caratteristiche:

- È un ambiente multi piattaforma quindi può essere eseguito su Windows, Macintosh e Linux;
- Si basa sull'IDE di programmazione Processing, un ambiente di sviluppo facile da usare utilizzato anche da artisti e designer;
- Lo si programma tramite un cavo USB, non una porta seriale. Questa funzione è utile, perché molti computer moderni non dispongono di porte seriali.
- È composto da hardware e software open source: se lo desideri, puoi scaricare lo schema del circuito, acquistare tutti i componenti e crearne uno tuo, senza

pagare nulla ai produttori di Arduino;

- L'hardware è economico infatti la scheda USB costa meno di 50 € (dipende dalle versioni) e sostituire un chip bruciato sulla scheda è facile e costa non più di qualche euro. In questo modo, puoi permetterti di commettere errori;
- Il supporto di una grande comunità attiva di utenti, quindi ci sono molte persone che possono aiutarti;
- Il progetto Arduino è stato sviluppato in un ambiente educativo quindi è ottimo per i principianti, soprattutto per far funzionare le cose rapidamente.

Questo Ebook è progettato proprio per aiutare i principianti a capire quali sono i vantaggi che possono ottenere dall'apprendimento dell'utilizzo della piattaforma Arduino e dall'adozione della sua filosofia. Questo Ebook è stato scritto per gli utenti "originali" di Arduino: designer e artisti. Pertanto, cercherò di spiegare le cose in un modo che potrebbe far impazzire alcuni ingegneri.

Ammettiamolo: la maggior parte degli ingegneri non è in grado di spiegare cosa fa a un altro ingegnere, figuriamoci a un normale essere umano. Dopo che Arduino ha iniziato a diventare popolare, mi sono reso conto di come sperimentatori, hobbisti e hacker di ogni tipo stavano iniziando a usarlo per creare oggetti belli, interessanti e folli.

Arduino nasce per insegnare Interaction Design, disciplina del design che pone la prototipazione al centro della propria metodologia. Esistono molte definizioni d'Interaction Design, ma quella che preferisco è: L'Interaction Design è il design di qualsiasi esperienza interattiva.

Nel mondo di oggi, l'Interaction Design si occupa della creazione di esperienze significative tra noi (esseri umani) e gli oggetti. È un buon modo per esplorare la creazione di esperienze bellissime, e forse anche controverse, tra noi e la tecnologia. Interaction Design incoraggia la progettazione attraverso un processo iterativo basato su prototipi di fedeltà sempre crescente. Questo approccio, anch'esso parte di alcuni tipi di progettazione "convenzionale", può essere esteso per includere la prototipazione con la tecnologia; in particolare, prototipazione con l'elettronica.

Il campo specifico dell'Interaction Design coinvolto con Arduino è il Physical Computing (o Physical Interaction Design).

Cos'è il Physical Computing?

Il Physical Computing (o calcolo fisico) utilizza l'elettronica per prototipare nuovi materiali per designer e artisti. Implica la progettazione di oggetti interattivi in grado di comunicare con gli esseri umani utilizzando sensori e attuatori controllati da un comportamento implementato come software in esecuzione all'interno di un microcontrollore (un piccolo computer su un singolo chip).

In passato, usare l'elettronica significava avere a che fare tutto il tempo con gli ingegneri e costruire circuiti a piccoli componenti alla volta; questi problemi hanno limitato in qualche modo la creatività di alcuni designer. La maggior parte degli strumenti erano destinati agli ingegneri e richiedevano una conoscenza approfondita.

Negli ultimi anni, i microcontrollori sono diventati più economici e più facili da usare, consentendo la creazione di strumenti migliori. Il progresso fatto con Arduino consiste nel portare questi strumenti un passo più vicino ai principianti, consentendo alle persone d'iniziare a costruire qualcosa dopo solo due o tre giorni.

Con Arduino, un designer o un artista può conoscere le basi dell'elettronica e dei sensori molto rapidamente e può iniziare a costruire prototipi con un investimento davvero minimo.

CAPITOLO 2

La Filosofia Di Arduino

La filosofia di Arduino si basa sulla creazione di progetti piuttosto che sul parlarne. È una ricerca costante del modo più veloce e più potente per costruire prototipi migliori. Esistono molte tecniche di prototipazione e sviluppato modi di pensare con le nostre mani.

L'ingegneria classica si basa su un processo rigoroso per andare da A a B; Arduino si diletta nella possibilità di perdersi per strada e trovare invece C. Questo è il processo di "armeggiare" a cui siamo così affezionati: giocare con il mezzo in modo aperto e trovare l'inaspettato. In questa ricerca di modi per costruire prototipi migliori, abbiamo anche selezionato una serie di pacchetti software che consentono il processo di manipolazione costante del supporto software e hardware.

A breve presenteremo alcune filosofie, eventi e pionieri che hanno ispirato l'Arduino. Il concetto di prototipazione, tuttavia, è al centro di Arduino: creiamo cose e costruiamo oggetti che interagiscono con altri oggetti, persone e reti. Ci sforziamo di trovare un modo più semplice e veloce per prototipare nel modo più economico possibile.

Molti principianti che si avvicinano all'elettronica per la prima volta, pensano di dover imparare a costruire tutto da zero. Questo è uno spreco di energie: quello che vuoi è essere in grado di confermare che qualcosa sta funzionando molto rapidamente in modo da poter motivare te stesso a fare il passo successivo o forse anche motivare qualcun altro a finanziarti.

Per questo è stata concepita la "prototipazione opportunistica": perché spendere tempo ed energie per costruire da zero, un processo che richiede tempo e conoscenze tecniche approfondite, quando possiamo usare dispositivi già pronti per sfruttare il duro lavoro svolto dai grandi aziende e bravi ingegneri?

L'idea di Arduino si rifa' a James Dyson, che ha realizzato 5127 prototipi della sua aspirapolvere prima di essere convinto di aver capito bene. È essenziale giocare con la tecnologia, esplorando diverse possibilità direttamente su hardware e software, a volte senza un obiettivo ben definito. Riutilizzare la tecnologia esistente è uno dei modi migliori per armeggiare.

Ottenere giocattoli economici o vecchie attrezzature scartate e modificarli per fargli fare qualcosa di nuovo è uno dei modi migliori per ottenere grandi risultati.

Sono sempre stato affascinato dalla modularità e dalla capacità di costruire sistemi complessi collegando tra loro dispositivi semplici. Questo processo è molto ben rappresentato da Robert Moog e dai suoi sintetizzatori analogici. I musicisti hanno costruito suoni, provando infinite combinazioni "unendo insieme" diversi moduli con cavi. Questo approccio faceva sembrare il sintetizzatore un vecchio interruttore telefonico ma, combinato con le numerose manopole, quella era la piattaforma perfetta per armeggiare con il suono e la musica innovativa. Moog lo ha descritto come un processo tra "testimoniare e scoprire". Sono sicuro che la maggior parte dei musicisti all'inizio non sapeva cosa facessero tutte quelle centinaia di manopole, ma ci hanno provato e provato, perfezionando il proprio stile senza interruzioni nel flusso.

Ridurre il numero d'interruzioni del flusso è molto importante per la creatività: più è fluido il processo, più si procede ad armeggiare. Questa tecnica è stata tradotta nel mondo del software da ambienti di "programmazione visiva" come Max, Pure Data o VVVV. Questi strumenti possono essere visualizzati come "scatole" per le diverse funzionalità che offrono, consentendo all'utente di creare "patch" collegando tra loro queste scatole.

Questi ambienti consentono all'utente di sperimentare la programmazione senza le continue interruzioni tipiche del ciclo: "scrivi il programma, compila, c'è un errore, correggi l'errore, compila, esegui". Se hai una mentalità più visiva, ti consiglio di provarli.

Il circuit bending è una delle forme più interessanti per armeggiare. Con questo termine si indica la pratica di modificare in maniera creativa, attraverso semplici cortocircuiti, dispositivi e apparecchi elettronici a bassa tensione o strumenti elettronici alimentati a pile. L'intento è quello di estrapolare da essi suoni inediti e creare nuovi strumenti musicali e bizzarri generatori di suono. Il cuore di questo processo è "l'arte del caso", tutto iniziò nel 1966 quando Reed Ghazala, per caso, mise in cortocircuito un amplificatore giocattolo contro un oggetto metallico nel cassetto della scrivania, producendo un flusso di suoni insoliti.

Quello che mi piace dei circuit bender è la loro capacità di creare i dispositivi più selvaggi armeggiando con la tecnologia senza necessariamente capire cosa stanno facendo sul lato teorico. Non lasciare che gli esperti in un campo ti dicano che non sarai mai uno di loro piuttosto ignorali e sorprendili.

Interazione con un PC

Le tastiere dei computer sono ancora il modo principale per interagire con un computer dopo più di 60 anni. Alex Pentland, capo accademico del MIT Media Laboratory, una volta ha osservato: «Scusate l'espressione, ma gli orinatoi degli uomini sono più intelligenti dei computer. I computer sono isolati da ciò che li circonda».

Possiamo implementare nuovi modi per interagire con il software sostituendo le tastiere con dispositivi ingrado di percepire l'ambiente. Smontare la tastiera di un computer rivela un dispositivo molto semplice (ed economico). Il cuore è una piccola board, di solito è un circuito verde o marrone con due serie di contatti che vanno a due strati di plastica che tengono le connessioni tra i diversi tasti. Se rimuovi il circuito e utilizzi un cavo per collegare due contatti, vedrai apparire una lettera sullo schermo del computer.

In realtà c'è un altro problema che sta a cuore alla filosofia su cui si basa Arduino. Le persone buttano via un sacco di dispositivi tecnologici attualmente: vecchie stampanti, computer, complesse macchine da ufficio, attrezzature tecniche e persino attrezzatura militare.

C'è sempre stato un grande mercato per questa tecnologia in eccesso, specialmente tra i giovani e/o i collezionisti. Spesso si accumula spazzatura e devi passarci in mezzo prima d'iniziare a costruire qualcosa da zero.

Pensa a quanti giocattoli vengono buttati ogni anno. Con l'attuale afflusso di migliaia di giocattoli hi-tech molto economici dalla Cina, puoi costruire idee in modo molto rapido. Tutto questo ti fa capire che la tecnologia non fa paura né è difficile da usare.

L'ultimo principio su cui si fonda la filosofia di Arduino è la collaborazione tra gli utenti. Questo è uno dei principi chiave nel mondo Arduino: attraverso i forum persone provenienti da diverse parti del mondo si aiutano a vicenda per conoscere la piattaforma. Il team di Arduino incoraggia le persone a collaborare anche a livello locale aiutandole a creare gruppi di utenti in ogni città che visitano.

È stato creato anche un Wiki chiamato "Playground" dove gli utenti documentano le loro scoperte. È così sorprendente vedere quanta conoscenza queste persone riversano sul Web affinché tutti possano usarle. Questa cultura della condivisione e dell'aiuto reciproco è una delle cose più belle del Web, a mio parere.

CAPITOLO 3

La Piattaforma

Arduino è composto da due parti principali: la scheda Arduino, che è l'hardware su cui lavori quando costruisci i tuoi oggetti; e l'IDE di Arduino cioè il software che esegui sul tuo computer. Usi l'IDE per creare uno sketch (un piccolo programma per computer) che carichi sulla scheda Arduino. Lo sketch dice alla scheda cosa fare.

Non molto tempo fa, lavorare sull'hardware significava costruire circuiti da zero, utilizzando centinaia di componenti diversi con nomi strani come resistore, condensatore, induttore, transistor e così via. Ogni circuito era "cablato" per eseguire un'applicazione specifica e apportare modifiche richiedeva operazioni come tagliare fili, saldare connessioni e altro ancora.

Con la comparsa delle tecnologie digitali e dei microprocessori, queste funzioni, un tempo implementate con cavi, sono state sostituite da programmi software infatti il software è più facile da modificare rispetto all'hardware. Premendo alcuni tasti, puoi cambiare radicalmente la logica di un dispositivo e provare due o tre versioni nello stesso lasso di tempo che ci vorrebbe per saldare un paio di resistenze.

Hardware

La scheda Arduino è una piccola scheda microcontrollore, che è un piccolo circuito (la scheda) che contiene un intero computer su un piccolo chip (il microcontrollore). Questo computer è almeno mille volte meno potente del MacBook che sto usando per scriverlo, ma è molto più economico e molto utile per costruire dispositivi interessanti.

Guarda la scheda Arduino: vedrai un chip nero con 28 "gambe": quel chip è l'ATmega328, il cuore della tua scheda. Il team di Arduino ha posizionato su questa scheda tutti i componenti necessari per il corretto funzionamento di questo microcontrollore e per comunicare con il tuo computer.

Esistono molte versioni di questa scheda; quello che useremo in questo Ebook è Arduino Uno, che è il più semplice da usare e il migliore per imparare, tuttavia, queste istruzioni si applicano alle versioni precedenti della scheda. Guardando la scheda, tutti quei connettori potrebbero creare un po' di confusione. Ecco una spiegazione di ciò che fa ogni elemento della scheda:

- 14 pin I/O digitali (pin 0–13): questi possono essere ingressi o uscite, specificati dallo sketch creato nell'IDE;
- 6 Pin d'ingresso analogico (pin 0–5): questi pin d'ingresso analogico dedicati prendono valori analogici (cioè letture di tensione da un sensore) e li convertono in un numero compreso tra 0 e 1023;
- 6 Pin di uscita analogica (pin 3, 5, 6, 9, 10 e 11): questi sono in realtà sei dei pin digitali che possono essere

riprogrammati per l'uscita analogica utilizzando lo sketch creato nell'IDE.

La scheda può essere alimentata dalla porta USB del computer, dalla maggior parte dei caricatori USB o da un adattatore CA (consigliati 9 volt, punta cilindrica da 2.1 mm, positivo centrale). Se non è presente alcun alimentatore collegato alla presa di corrente, l'alimentazione verrà dalla scheda USB, ma non appena si collega un alimentatore, la scheda lo utilizzerà automaticamente.

Software (IDE)

L'IDE (Integrated Development Environment) è un programma speciale in esecuzione sul computer che consente di scrivere sketch per la scheda Arduino in un linguaggio semplice modellato sul linguaggio Processing. La magia accade quando premi il pulsante che carica lo sketch sulla scheda: il codice che hai scritto viene tradotto nel linguaggio C (che generalmente è abbastanza difficile da usare per un principiante), in seguito, viene passato al compilatore avr-gcc, un importante software open source che effettua la traduzione finale nella lingua compresa dal microcontrollore.

Quest'ultimo passaggio è abbastanza importante, perché è qui che Arduino ti semplifica la vita nascondendo il più possibile le complessità della programmazione dei microcontrollori. Il ciclo di programmazione su Arduino è fondamentalmente il seguente:

1. Collega la tua scheda a una porta USB del tuo computer;
2. Scrivi uno sketch che darà vita alla scheda;
3. Carica questo sketch sulla scheda tramite la connessione USB e attendi un paio di secondi per il riavvio della scheda;
4. La scheda esegue lo sketch che hai scritto.

Per programmare la scheda Arduino, devi prima scaricare l'ambiente di sviluppo (l'IDE). Scegli la versione giusta per il tuo sistema operativo: scarica il file e fai doppio clic su di esso per aprirlo; su Windows o Linux, questo crea una cartella denominata Arduino [versione], ad esempio arduino-1.0. Trascina la cartella dove vuoi: il desktop, la cartella Programmi (su Windows), ecc.

Sul Mac, facendo doppio clic su di essa si aprirà un'immagine disco con un'applicazione Arduino (trascinala nella cartella Applicazioni). Ora ogni volta che desideri eseguire l'IDE di Arduino, aprirai la cartella Arduino (Windows e Linux) o Applicazioni (Mac) e farai un doppio clic sull'icona di Arduino. Prima di procedere, però; c'è un altro passaggio: devi installare i driver che consentono al tuo computer di parlare con la tua scheda attraverso la porta USB.

Installazione driver Mac

Arduino Uno su un Mac utilizza i driver forniti dal sistema operativo, quindi la procedura è abbastanza semplice. Collega la scheda al computer, la spia PWR sulla scheda dovrebbe accendersi e il LED giallo etichettato con "L" dovrebbe iniziare a lampeggiare.

Potresti vedere una finestra pop-up che ti informa che è stata rilevata una nuova interfaccia di rete. In tal caso, fare clic su "Preferenze di rete ..." E quando si apre, fare clic su "Applica". L'Arduino Uno apparirà come "Non configurato" ma funziona correttamente. Esci dalle Preferenze di Sistema.

Infine, bisogna selezionare la porta giusta per la tua scheda. Dal menu "Strumenti" nell'IDE di Arduino, seleziona "Porta seriale" e seleziona la porta che inizia con /dev/cu.usbmodem; questo è il nome che il tuo computer usa per riferirsi alla scheda Arduino.

Installazione driver Windows

Collega la scheda Arduino al computer; quando viene visualizzata la finestra "Installazione guidata nuovo hardware", Windows tenterà prima di trovare il driver sul sito Windows Up date.

Nella schermata successiva, scegli "Installa da un elenco o percorso specifico" e fai clic su "Avanti". Individua e seleziona il file del driver di Uno, denominato ArduinoUNO.inf, che si trova nella cartella Drivers del download del software Arduino (non la sottodirectory "FTDI USB Drivers").

Windows finirà l'installazione del driver da lì. Una volta installati i driver, puoi avviare l'IDE di Arduino e iniziare a utilizzare Arduino.

Successivamente, devi capire quale porta seriale è assegnata alla tua scheda Arduino: avrai bisogno di queste informazioni per programmarla in seguito. Su Windows, il processo è un po' più complicato, almeno all'inizio. Aprire "Gestione periferiche" facendo clic sul menu "Start", facendo clic con il pulsante destro del mouse su Risorse del computer e scegliendo Proprietà. Cerca il dispositivo Arduino nell'elenco sotto "Porte (COM e LPT)", Arduino apparirà come "Arduino UNO" e avrà un nome come COM3. Una volta che hai capito l'assegnazione della porta COM, puoi selezionare quella porta dal menu "Strumenti" > "Porta seriale" nell'IDE di Arduino. Ora l'ambiente di sviluppo Arduino può parlare con la scheda Arduino e programmarlo.

Nota: su alcune macchine Windows, la porta COM ha un numero maggiore di 9; questa numerazione crea alcuni problemi quando Arduino cerca di comunicare con esso.

CAPITOLO 4

Programmazione

Ora imparerai come creare e programmare un dispositivo interattivo. Tutti gli oggetti che costruiremo utilizzando Arduino seguono uno schema molto semplice che chiamiamo "Dispositivo interattivo". Il dispositivo interattivo è un circuito elettronico in grado di rilevare l'ambiente utilizzando sensori (componenti elettronici che convertono le misurazioni del mondo reale in segnali elettrici).

Il dispositivo elabora le informazioni che ottiene dai sensori con un comportamento implementato come software. Il dispositivo potrà quindi interagire con il mondo tramite attuatori cioè componenti elettronici in grado di convertire un segnale elettrico in un'azione fisica. I sensori e gli attuatori sono componenti elettronici che consentono a un componente elettronico d'interagire con il mondo.

Poiché il microcontrollore è un computer molto semplice, può elaborare solo segnali elettrici (un po' come gli impulsi elettrici che vengono inviati tra i neuroni nel nostro cervello). Affinché percepisca la luce, la temperatura o altre quantità fisiche, ha bisogno di qualcosa che possa convertirle in elettricità. Nel nostro corpo, ad esempio, l'occhio converte la luce in segnali che vengono inviati al cervello utilizzando i nervi. In elettronica, possiamo usare un semplice dispositivo chiamato resistore dipendente dalla luce (un LDR o foto resistenza) che può misurare la quantità di luce che lo colpisce e segnalarlo come un segnale che può essere compreso dal microcontrollore.

Una volta letti i sensori, il dispositivo dispone delle informazioni necessarie per decidere come reagire. Il processo decisionale è gestito dal microcontrollore e la reazione viene eseguita dagli attuatori. Nel nostro corpo, ad esempio, i muscoli ricevono segnali elettrici dal cervello e li convertono in un movimento. Nel mondo elettronico, queste funzioni potrebbero essere svolte da una luce o da un motore elettrico. A breve imparerai a leggere sensori di diversi tipi e controllare diversi tipi di attuatori.

Lampeggio del LED

Lo sketch per il LED lampeggiante è il primo programma che dovresti eseguire per verificare se la tua scheda Arduino funziona ed è configurata correttamente.

Di solito è anche il primo esercizio di programmazione che si esegue quando si impara a programmare un microcontrollore. Un diodo a emissione di luce (LED) è un piccolo componente elettronico che è un po' come una lampadina ma è più efficiente e richiede tensioni inferiori per poter funzionare. La tua scheda Arduino viene fornita con un LED preinstallato, contrassegnato con "L". È inoltre possibile aggiungere un proprio LED: collegando K che indica il catodo (negativo) o il cavo più corto e A indica l'anodo (positivo) o il cavo più lungo.

Una volta che il LED è connesso, devi dire ad Arduino cosa fare. Questo viene fatto tramite codice, cioè tramite elenco d'istruzioni che diamo al microcontrollore per fargli fare quello che vogliamo. Sul tuo computer, apri la cartella in cui hai copiato l'IDE di Arduino. Fare doppio clic sull'icona di Arduino per avviarlo. Seleziona "File" > "Nuovo" e ti verrà chiesto di scegliere un nome per la cartella dello sketch: qui è dove verrà archiviato il tuo sketch Arduino.

Chiamalo Lampeggio_LED e fai clic su "OK". Quindi digita il seguente testo nell'editor di sketch di Arduino (la finestra principale dell'IDE di Arduino):

// LED collegato al pin 13

```
Const int LED = 13;

Void setup ()

{

// imposta il pin digitale come uscita

PinMode (LED, OUTPUT);

}

Void loop ()

{

// accende il LED

DigitalWrite (LED, HIGH);

Delay(1000); // aspetta un secondo

// spegne il LED

DigitalWrite (LED, LOW);

Delay(1000); // aspetta un secondo

}
```

Ora che il codice è nel tuo IDE, devi verificare che sia corretto. Premi il pulsante "Verifica"; se tutto è corretto, vedrai apparire il messaggio "Compilazione completata" in fondo all'IDE di Arduino. Questo messaggio significa che l'IDE di Arduino ha tradotto il tuo sketch in un programma eseguibile che può essere eseguito dalla scheda, un po' come un file .exe in Windows o un file. App su un Mac.

A questo punto, puoi caricarlo nella scheda: premi il pulsante Carica su scheda I/O. Ciò ripristinerà la scheda, costringendola a interrompere ciò che sta facendo e ad ascoltare le istruzioni provenienti dalla porta USB. L'IDE di Arduino invia lo sketch corrente alla scheda, che lo memorizzerà nella sua memoria e alla fine lo eseguirà.

Vedrai apparire alcuni messaggi nell'area nera nella parte inferiore della finestra e appena sopra quell'area, vedrai apparire il messaggio "Caricamento completato" per informarti che il processo è stato completato correttamente. Ci sono due LED, contrassegnati RX e TX, sulla scheda; lampeggiano ogni volta che un byte viene inviato o ricevuto dalla scheda. Durante il processo di caricamento, continuano a lampeggiare, se non vedi i LED lampeggiare o se ricevi un messaggio di errore invece di "Caricamento completato", allora c'è un problema di comunicazione tra il tuo computer e Arduino.

Assicurati di aver selezionato la porta seriale corretta nel menu Strumenti > Porta seriale, inoltre, controlla il menu Strumenti > Scheda per confermare che sia stato selezionato il modello corretto di Arduino.

Una volta che il codice è nella tua scheda Arduino, rimarrà lì finché non ci caricherai un altro sketch. Lo sketch sopravvivrà se la scheda viene ripristinata o spenta, un po' come i dati sul disco rigido del tuo computer. Supponendo che lo sketch sia stato caricato correttamente, vedrai il LED "L" accendersi per un secondo e poi spegnersi per un secondo. Se avete installato un LED separato, anche quel LED lampeggerà.

Quello che hai appena scritto ed eseguito è un "programma per computer", o sketch, come vengono chiamati i programmi Arduino. Arduino, come detto prima, è un piccolo computer e può essere programmato per fare quello che vuoi. Questo viene fatto utilizzando un linguaggio di programmazione per digitare una serie d'istruzioni nell'IDE Arduino, che lo trasforma in un eseguibile per la tua scheda Arduino.

Analisi del codice

Ma come funziona uno sketch? Prima di tutto, Arduino esegue il codice dall'alto verso il basso, quindi la prima riga in alto è la prima letta; poi si sposta verso il basso, un po' come la testina di riproduzione di un lettore video come QuickTime Player o Windows Media Player si sposta da sinistra a destra mostrando dove ti trovi nel film.

Nota bene la presenza di parentesi graffe, che vengono utilizzate per raggruppare le righe di codice. Sono particolarmente utili quando si desidera dare un nome a un gruppo d'istruzioni. Se sei a cena e chiedi a qualcuno: "Per favore passami il parmigiano", questo dà il via a una serie di azioni che sono riassunte dalla piccola frase che hai appena detto. Dato che siamo esseri umani, tutto viene naturale, ma tutte le piccole azioni individuali richieste per farlo devono essere spiegate ad Arduino, perché non è potente come il nostro cervello. Quindi, per raggruppare una serie d'istruzioni, inserisci una {prima del codice e una} dopo.

Puoi vedere che ci sono due blocchi di codice che sono definiti in questo modo qui. Prima di ognuno di essi c'è uno strano comando: void setup (). Questa riga dà un nome a un blocco di codice, se dovessi scrivere una lista d'istruzioni che insegnano ad Arduino come passare il parmigiano, dovresti scrivere void passaParmigiano () all'inizio di un blocco, e questo blocco diventerebbe un'istruzione che puoi chiamare da qualsiasi punto del codice Arduino.

Questi blocchi sono chiamati funzioni. Se dopo aver definito questa funzione, scrivi passaParmigiano () ovunque nel tuo codice, Arduino eseguirà quelle istruzioni e continuerà da dove si era interrotto.

Arduino si aspetta che esistano due funzioni: una chiamata setup () e una chiamata loop (). La funzione setup () è dove metti tutto il codice che vuoi eseguire una volta all'inizio del tuo programma e loop () contiene il nucleo del tuo programma, che viene eseguito più e più volte.

Questo viene fatto perché Arduino non è come il tuo normale computer: non può eseguire più programmi contemporaneamente e i programmi non possono chiudersi. Quando si accende la scheda, il codice viene eseguito; quando vuoi fermarti, lo spegni.

Nel codice avrai notato dei simboli strani come //. Qualsiasi testo che inizia con // viene ignorato da Arduino. Queste righe sono commenti, sono delle note che lasci nel programma per te stesso, in modo che tu possa ricordare cosa hai fatto quando l'hai scritto, o per qualcun altro, in modo che possa capire il tuo codice.

È molto comune scrivere un pezzo di codice, caricarlo sulla scheda e dire "Okay, non dovrò mai più toccare questo codice!" Per poi rendersi conto mesi dopo che è necessario aggiornare il codice o correggere un bug. A questo punto, apri il programma e se non hai incluso alcun commento nel programma originale, penserai: "Wow, che casino! Da dove comincio?". Man mano che procediamo, vedrai alcuni trucchi su come rendere i tuoi programmi più leggibili e facili da mantenere. All'inizio potresti considerare questo tipo di spiegazione inutile, un po' come quando ero a scuola e dovevo studiare la Divina Commedia di Dante. Per ogni riga delle poesie c'erano cento righe di commento! Tuttavia, la spiegazione sarà molto più utile qui mentre si passa alla scrittura dei propri programmi.

Analizziamo il codice riga per riga:

- Const int significa che il LED è un numero intero che non può essere modificato (cioè una costante) il cui valore è impostato su 13. È come una ricerca e sostituzione automatica del codice; in questo caso, sta dicendo ad Arduino di scrivere il numero 13 ogni volta che appare la parola LED. Stiamo usando questo comando per specificare che il LED che vogliamo far lampeggiare è collegato al pin 13 di Arduino.

- Void setup () indica ad Arduino che il prossimo blocco di codice sarà chiamato setup () e la parentesi graffa aperta denota l'apertura del blocco. Questo blocco contiene solo un'istruzione ma è davvero interessante. PinMode dice ad Arduino come configurare un determinato pin. I pin digitali possono essere utilizzati come INPUT od OUTPUT. In questo caso, abbiamo bisogno di un pin di uscita per controllare il nostro LED, quindi inseriamo il numero del pin e la sua modalità tra parentesi. PinMode è una funzione e le parole (o numeri) specificate tra parentesi sono argomenti.

- INPUT e OUTPUT sono costanti nel linguaggio Arduino (come le variabili, alle costanti vengono assegnati valori ma i valori costanti sono predefiniti e non cambiano mai). Dopo questa istruzione troviamo una parentesi graffa chiusa che denota la chiusura del blocco.

In seguito troviamo la definizione della funzione loop () che corrisponde a dove specifichi il comportamento principale del tuo dispositivo interattivo. Questo metodo verrà ripetuto più e più volte fino a quando non spegnerai la scheda.

Come specificato nel commento, digitalWrite () è in grado di attivare (o disattivare) qualsiasi pin che è stato configurato come OUTPUT. Il primo argomento (in questo caso, LED) specifica quale pin deve essere acceso o spento (ricorda che LED è un valore costante che si riferisce al pin 13, quindi questo è il pin che viene commutato). Il secondo argomento può attivare (HIGH) o disattivare (LOW) il pin.

Immagina che ogni pin di uscita sia una minuscola presa di corrente, come quelle che hai sulle pareti del tuo appartamento. Quelli europei sono 230V, quelli americani 110V e Arduino funziona a un più modesto 5V. La magia qui è quando il software diventa hardware infatti quando scrivi digitalWrite (LED, HIGH), Arduino trasforma il pin di uscita su 5V e se colleghi un LED, si accende.

Quindi, a questo punto del codice, un'istruzione nel software fa accadere qualcosa nel mondo fisico controllando il flusso di elettricità fino al pin. Attivando e disattivando il pin a piacere, ora traduciamoli in qualcosa di più visibile per un essere umano; il LED è il nostro attuatore.

Arduino ha una struttura molto semplice. Pertanto, se vuoi che le cose accadano con una certa regolarità, digli di non fare nulla finché non è il momento di passare alla fase successiva. La funzione delay () fondamentalmente fa sospendere il processore e non fa nulla per la quantità di millisecondi che passi come argomento. I millisecondi sono millesimi di secondo; pertanto, 1000 millisecondi equivalgono a 1 secondo, quindi il LED rimane acceso per un secondo.

L'istruzione seguente spegne il LED che abbiamo precedentemente acceso. Perché usiamo HIGH e LOW? Beh, è una vecchia convenzione nell'elettronica digitale. HIGH significa che il pin è acceso e, nel caso di Arduino, sarà impostato a 5 V, LOW significa 0 V. Puoi anche sostituire mentalmente questi argomenti con ON e OFF.

Infine, facciamo aspettare il processore per un altro secondo quindi il LED si spegnerà per un secondo e la parentesi graffa chiusa denota la chiusura del blocco di questa funzione.

Per riassumere, questo programma fa questo:

- Trasforma il pin 13 in un'uscita (solo una volta all'inizio);
- Entra in un ciclo;
- Accende il LED collegato al pin 13;
- Attende un secondo;
- Spegne il LED collegato al pin 13;
- Aspetta un secondo;
- Torna all'inizio del ciclo.

Spero non sia stato troppo difficile da capire. Imparerai di più su come programmare dagli esempi successivi. Prima di passare alla sezione successiva, voglio che tu giochi con il codice. Ad esempio, riduci la quantità di ritardo, utilizzando numeri diversi per gli impulsi di accensione e spegnimento in modo da poter vedere diversi modelli di lampeggiamento. In particolare, dovresti vedere cosa succede quando riduci i ritardi, ma usi ritardi diversi per l'accensione e lo spegnimento... c'è un momento in cui accade qualcosa di strano, prova a sperimentare.

CAPITOLO 5

Nozioni Di Teoria

Sono sempre stato affascinato dalla luce e dalla capacità di controllare diverse sorgenti luminose attraverso la tecnologia. Ho avuto la fortuna di lavorare su alcuni progetti interessanti che coinvolgono il controllo della luce e la sua interazione con le persone. A breve, lavoreremo su come progettare "lampade interattive", utilizzando Arduino come modo per apprendere le basi di come vengono costruiti i dispositivi interattivi. Tuttavia, è importante avere delle basi per poter proseguire.

Se hai mai fatto qualche impianto idraulico a casa, l'elettronica non sarà un problema per te. Per capire come funzionano l'elettricità e i circuiti elettrici, il modo migliore è usare una metafora chiamata "analogia dell'acqua". Prendiamo un dispositivo semplice, come il ventilatore portatile alimentato a batteria, se smonti un ventilatore, vedrai che contiene una piccola batteria, un paio di fili e un motore elettrico, inoltre, uno dei fili che vanno al motore è interrotto da un interruttore. Se si dispone di una batteria nuova e si accende l'interruttore, il motore inizierà a girare, fornendo il raffreddamento necessario.

Come funziona? Bene, immagina che la batteria sia un serbatoio d'acqua e una pompa, l'interruttore sia un rubinetto e il motore sia una di quelle ruote che vedi nei mulini ad acqua. Quando apri il rubinetto, l'acqua scorre dalla pompa e spinge la ruota in movimento.

In questo semplice sistema idraulico, due fattori sono importanti: la pressione dell'acqua (questa è determinata dalla potenza della pompa) e la quantità di acqua che scorrerà nei tubi (dipende dalle dimensioni dei tubi e la resistenza che la ruota fornirà al flusso d'acqua che la colpisce). Ti renderai presto conto che se vuoi che la ruota giri più velocemente, devi aumentare le dimensioni dei tubi (ma questo funziona solo fino a un certo punto) e aumentare la pressione che la pompa può raggiungere.

Aumentare le dimensioni dei tubi consente il passaggio di un maggiore flusso d'acqua; ingrandendoli abbiamo ridotto di fatto la resistenza dei tubi al flusso dell'acqua. Questo approccio funziona fino a un certo punto, in cui la ruota non girerà più velocemente, perché la pressione dell'acqua non è abbastanza forte. Quando raggiungiamo questo punto, abbiamo bisogno che la pompa sia più forte.

Questo metodo per accelerare il mulino ad acqua può andare avanti fino al punto in cui la ruota si rompe perché il flusso d'acqua è troppo forte e viene distrutta. Un'altra cosa che noterai è che quando la ruota gira, l'asse si riscalderà un po', perché non importa quanto bene abbiamo montato la ruota, l'attrito tra l'asse e i fori in cui è montato genererà calore.

È importante capire che in un sistema come questo, non tutta l'energia che pompate nel sistema verrà convertita in movimento; un po' di essa andrà persa tra una serie d'inefficienze e generalmente si manifesterà come calore emanato da alcune parti del sistema. Allora quali sono le parti importanti del sistema? La pressione prodotta dalla pompa è davvero importante; la resistenza che i tubi e la ruota offrono al flusso dell'acqua e il flusso effettivo dell'acqua (diciamo che questo è rappresentato dal numero di litri d'acqua che scorrono in un secondo).

L'elettricità funziona un po' come l'acqua, hai una sorta di pompa (qualsiasi fonte di elettricità, come una batteria o una presa a muro) che spinge le cariche elettriche (immaginale come "gocce" di elettricità) lungo i tubi, che sono rappresentati dai fili - alcuni dispositivi sono in grado di utilizzare questi per produrre calore (una coperta elettrica), luce (la lampada della camera da letto), suono (il tuo stereo), movimento (il tuo ventilatore) e molto altro.

Quindi, quando leggi che la tensione di una batteria è 9 V, pensa a questa tensione come alla pressione dell'acqua che può essere potenzialmente prodotta da questa piccola "pompa". La tensione si misura in Volt, dal nome di Alessandro Volta, l'inventore della prima batteria. Proprio come la pressione dell'acqua ha un equivalente elettrico, anche la portata dell'acqua ne ha uno e si misura in ampere (da André-Marie Ampere, pioniere dell'elettromagnetismo).

La relazione tra tensione e corrente può essere illustrata tornando alla ruota idraulica: una tensione (pressione) più alta consente di far girare una ruota più velocemente; una portata maggiore (corrente) consente di far girare una ruota più grande. Infine, la resistenza che si oppone al flusso di corrente su qualsiasi percorso che percorre si chiama resistenza, e si misura in ohm (dal nome del fisico tedesco Georg Ohm).

Herr Ohm era anche responsabile della formulazione della legge più importante sull'elettricità ed è anche l'unica formula che devi davvero ricordare. È stato in grado di dimostrare che in un circuito la tensione, la corrente e la resistenza sono tutte correlate tra loro e, in particolare, che la resistenza di un circuito determina la quantità di corrente che fluirà attraverso di esso, data una certa tensione di alimentazione. È molto intuitivo, se ci pensi.

Prendi una batteria da 9 V e collegala a un semplice circuito. Durante la misurazione della corrente, scoprirai che più resistori aggiungi al circuito, meno corrente lo attraverserà. Tornando all'analogia dell'acqua che scorre nei tubi: data una certa pompa, se installo una valvola (che possiamo mettere in relazione con un resistore variabile in elettricità), più chiudo la valvola (aumentando la resistenza al flusso dell'acqua) meno acqua scorrerà attraverso i tubi.

Ohm ha riassunto la sua legge in queste formule:

R(resistenza)=V(tensione)/I(corrente)

V = R * I

I = V / R

Questa è l'unica regola che devi davvero memorizzare e imparare a usare, perché nella maggior parte del tuo lavoro, questa è l'unica di cui avrai veramente bisogno.

CAPITOLO 6

Smart Light

Far lampeggiare un LED è stato facile, ma non credo sia l'ideale far lampeggiare la tua lampada da scrivania mentre cerchi di leggere un libro, pertanto, è necessario imparare a controllarla. Nel nostro esempio precedente, il LED era il nostro attuatore e il nostro Arduino lo controllava, quello che manca per completare il quadro è un sensore.

In questo caso, utilizzeremo la forma più semplice di sensore disponibile: un pulsante. Se dovessi smontare un pulsante, vedresti che si tratta di un dispositivo molto semplice: due pezzi di metallo tenuti separati da una molla e un cappuccio di plastica che quando premuto mette a contatto i due pezzi di metallo. Quando i pezzi di metallo sono separati, non c'è circolazione di corrente nel pulsante (un po' come quando una valvola dell'acqua è chiusa); quando lo premiamo, stabiliamo una connessione.

Per monitorare lo stato di un interruttore, c'è una nuova istruzione Arduino che imparerai: la funzione digitalRead (). Questa funzione controlla se c'è tensione applicata al pin specificato tra parentesi e restituisce un valore di HIGH o LOW, a seconda dei risultati.

Le altre istruzioni che abbiamo utilizzato finora non hanno restituito alcuna informazione: hanno semplicemente eseguito ciò che abbiamo chiesto loro di fare. Ma quel tipo di funzione è un po' limitato, perché ci costringerà a seguire sequenze d'istruzioni molto prevedibili, senza input dal mondo esterno. Con digitalRead (), possiamo "porre una domanda" ad Arduino e ricevere una risposta che può essere archiviata in memoria da qualche parte e utilizzata per prendere decisioni in modo immediato o in un secondo momento.

Costruiamo un piccolo circuito, dovrai procurarti alcune parti:

- Breadboard senza saldatura MKKN3;
- Kit cavi jumper pretagliati;
- Un resistore da 10K Ohm;
- Momentaneo interruttore con pulsante tattile.

Crea il circuito collegando l'uscita a 5V dell'Arduino con un'estremità della breadboard in modo corrispondente a un pin del pulsante. In seguito collega l'uscita GND a un'estremità del resistore mentre l'altra estremità del resistore deve essere collegata al pin numero 7.

Diamo un'occhiata al codice che useremo per controllare il LED con il nostro pulsante:

Const int LED = 13; // il pin per il LED

// il pin d'ingresso a cui è collegato il pulsante

Const int BUTTON = 7;

// val verrà utilizzato per memorizzare lo stato del pin d'input

Int val = 0;

```
Void setup () {

PinMode (LED, OUTPUT); // il LED di Arduino è un'uscita

PinMode (BUTTON, INPUT); // e BUTTON è un input

}

Void loop () {

Val = digitalRead(BUTTON); // legge il valore d'input e lo memorizza

// controlla se l'ingresso è HIGH (pulsante premuto)

If (val == HIGH) {

DigitalWrite (LED, HIGH); // accendi il LED

} else {

DigitalWrite (LED, LOW);

}

}
```

In Arduino, seleziona File > Nuovo (se hai un altro sketch aperto, potresti prima salvarlo). Quando Arduino ti chiede di nominare la tua nuova cartella di sketch, digita Controllo Pulsante.

Digita il codice proposto e se tutto è corretto, il LED si accenderà quando si preme il pulsante.

Ma come funziona tutto ciò? Ho introdotto due nuovi concetti con questo programma di esempio: le funzioni che restituiscono il risultato del loro lavoro e l'istruzione if. L'istruzione if è forse l'istruzione più importante in un linguaggio di programmazione, perché consente al computer (e ricorda, Arduino è un piccolo computer) di prendere decisioni.

Dopo la parola chiave if, devi scrivere una "domanda" tra parentesi e se la "risposta", o il risultato, è vero, verrà eseguito il primo blocco di codice; in caso contrario, verrà eseguito il blocco di codice successivo. Nota bene che ho usato il simbolo == invece di =, il primo viene utilizzato quando vengono confrontate due entità e restituisce TRUE o FALSE; quest'ultimo assegna un valore a una variabile. Assicurati di usare quello corretto, perché è molto facile commettere un errore e usare solo =, nel qual caso il tuo programma non funzionerà mai.

Dopo molti anni di programmazione capita ancora di fare quell'errore quindi tenere il dito sul pulsante per tutto il tempo necessario alla luce non è molto pratico.

Anche se ti farebbe pensare a quanta energia stai sprecando quando ti allontani da una lampada che hai lasciato acceso, abbiamo bisogno di capire come fare in modo che il pulsante di accensione resti attivo.

Il grande vantaggio dell'elettronica digitale e programmabile rispetto all'elettronica classica diventa ora evidente: ti mostrerò come implementare molti "comportamenti" diversi usando lo stesso circuito elettronico, semplicemente cambiando il software. Come ho detto prima, non è molto pratico tenere il dito sul pulsante per accendere la luce. Dobbiamo quindi implementare una qualche forma di "memoria", sotto forma di un meccanismo software che ricorderà quando avremo premuto il pulsante e manterrà la luce accesa anche dopo averlo rilasciato.

Per fare ciò, utilizzeremo quella che viene chiamata variabile ovvero un posto nella memoria di Arduino dove puoi memorizzare i dati. Pensala come uno di quei foglietti adesivi che usi per ricordarti qualcosa, come un numero di telefono: ne prendi uno, ci scrivi qualcosa e lo attacchi al monitor del tuo computer o al tuo frigorifero. Nel linguaggio Arduino, è altrettanto semplice: decidi solo che tipo di dati vuoi memorizzare (un numero o del testo, per esempio), gli dai un nome e quando vuoi, puoi memorizzare i dati o recuperarli.

Ad esempio: int val = 0; dove int significa che la tua variabile memorizzerà un numero intero, val è il nome della variabile e = 0 le assegna un valore iniziale pari a zero.

Una variabile, come suggerisce il nome, può essere modificata ovunque nel codice, in modo che più avanti nel programma si possa scrivere: val = 112; che riassegna un nuovo valore alla variabile. Nel seguente programma, val viene utilizzato per memorizzare il risultato di digitalRead (); qualunque cosa Arduino ottiene dall'input finisce nella variabile e rimarrà lì fino a quando un'altra riga di codice non la cambia. Si noti che le variabili utilizzano un tipo di memoria chiamato RAM che è abbastanza veloce, ma quando spegni la scheda, tutti i dati memorizzati nella RAM vengono persi (il che significa che ogni variabile viene ripristinata al suo valore iniziale quando la scheda viene riaccesa).

I tuoi programmi, invece, sono archiviati nella memoria flash, lo stesso tipo utilizzato dal tuo cellulare per memorizzare i numeri di telefono, che conserva il suo contenuto anche quando la scheda è spenta. Usiamo ora un'altra variabile per ricordare se il LED deve rimanere acceso o spento dopo aver rilasciato il pulsante. Vediamo un primo tentativo per ottenere ciò:

Const int LED = 13;

Const int BUTTON = 7;

Int val = 0;

Int state = 0; // 0 = LED spento, 1 = LED acceso

Void setup () {

PinMode (LED, OUTPUT);

PinMode (BUTTON, INPUT);

}

Void loop () {

Val = digitalRead(BUTTON); // legge il valore d'input e lo memorizza

// controlla se l'ingresso è HIGH (pulsante premuto) e modifica lo stato

If (val == HIGH) {

State = 1 - state;

```
}

If (state == 1) {

DigitalWrite (LED, HIGH);

} else {

DigitalWrite (LED, LOW);

}

}
```

Secondo. Questo significa che mentre il tuo dito sta premendo il pulsante, Arduino potrebbe leggere la posizione del pulsante alcune migliaia di volte e cambiare lo stato di conseguenza. I risultati diventano imprevedibili; il programma potrebbe mostrare il comportamento corretto ogni tanto, ma la maggior parte delle volte sarà sbagliato. Come possiamo risolvere?

Bene, dobbiamo rilevare il momento esatto in cui viene premuto il pulsante: questo è l'unico momento in cui dobbiamo cambiare stato. Il modo in cui mi piace farlo è memorizzare il valore di val prima di leggerne uno nuovo; questo permette di confrontare la posizione corrente del pulsante con quella precedente e di cambiare stato solo quando il pulsante diventa HIGH dopo essere stato LOW.

```
Const int LED = 13;

Const int BUTTON = 7;

Int val = 0;
```

```
Int old_val = 0; // questa variabile memorizza il valore precedente di "val"

Int state = 0;

Void setup () {

PinMode (LED, OUTPUT);

PinMode (BUTTON, INPUT);

}

Void loop () {

Val = digitalRead(BUTTON);

// controlla se c'è stata una transizione

If ((val == HIGH) && (old_val == LOW)) {

State = 1 - state;

}

Old_val = val; // va ora è vecchio, memorizziamolo

If (state == 1) {

DigitalWrite (LED, HIGH);

} else {

DigitalWrite (LED, LOW);

}
```

}

Prova questo codice: ci siamo quasi! Potresti aver notato che questo approccio non è del tutto perfetto, a causa di un altro problema con gli interruttori meccanici. I pulsanti sono dispositivi molto semplici: due pezzi di metallo tenuti separati da una molla. Quando si preme il pulsante, i due contatti si uniscono e l'elettricità può fluire.

Sembra bello e semplice, ma nella vita reale la connessione non è così perfetta, specialmente quando il pulsante non è completamente premuto e genera alcuni segnali spuri chiamati rimbalzo. Quando il pulsante rimbalza, Arduino vede una sequenza molto rapida di segnali di accensione e spegnimento. Esistono molte tecniche sviluppate per eseguire il de-bouncing, ma in questo semplice pezzo di codice ho notato che di solito è sufficiente aggiungere un ritardo da 10 a 50 millisecondi quando il codice rileva una transizione.

Ecco il codice nella sua versione finale:

```
Const int LED = 13;

Const int BUTTON = 7;

Int val = 0;

Int old_val = 0;

Int state = 0;

Void setup () {

PinMode (LED, OUTPUT);
```

```
PinMode (BUTTON, INPUT);

}

Void loop () {

Val = digitalRead(BUTTON);

If ((val == HIGH) && (old_val == LOW)) {

State = 1 - state;

Delay(10);

}

Old_val = val;

If (state == 1) {

DigitalWrite (LED, HIGH);

} else {

DigitalWrite (LED, LOW);

}

}
```

CAPITOLO 7

Risoluzione Problemi

Verrà un momento nella tua sperimentazione in cui nulla funzionerà e dovrai capire come risolverlo. La risoluzione dei problemi e il debugging sono arti antiche in cui ci sono poche semplici regole, ma la maggior parte dei risultati si ottengono con molto lavoro. Più lavori con l'elettronica e con Arduino, più imparerai e acquisirai esperienza, il che alla fine renderà il processo meno doloroso. Non lasciarti scoraggiare dai problemi che troverai: è tutto più facile di quanto sembri all'inizio.

Poiché ogni progetto basato su Arduino è fatto sia di hardware che di software, ci sarà più di un posto dove guardare se qualcosa va storto. Mentre cerchi un bug, dovresti operare lungo tre linee:

- Comprensione: cerca di capire il più possibile su come funzionano le parti che stai usando e come dovrebbero contribuire al progetto finito. Questo approccio ti consentirà di escogitare un modo per testare ogni componente separatamente;
- Semplificazione e segmentazione: gli antichi romani dicevano divide et impera. Cerca di scomporre (mentalmente) il progetto nelle sue componenti usando la comprensione e scopri dove iniziano e finiscono la responsabilità di ogni componente.
- Esclusione e certezza: Durante le indagini, testa ogni componente separatamente in modo da essere assolutamente certi che ognuno funzioni da solo.

Acquisirai gradualmente fiducia su quali parti del progetto stanno facendo bene il loro lavoro e quali sono sospette.

Debug è il termine usato per descrivere questo processo applicato al software. La leggenda dice che fu usato per la prima volta da Grace Hopper negli anni '40, quando i computer erano per lo più elettromeccanici e uno di loro smise di funzionare perché dei veri insetti rimasero intrappolati nei meccanismi. Molti dei bug di oggi non sono più fisici: sono virtuali e invisibili, almeno in parte. Pertanto, richiedono un processo a volte lungo e noioso per essere identificati.

Test della scheda

E se il primo esempio, far lampeggiare un LED, non funzionasse? Non sarebbe un po' deprimente? Cerchiamo di capire cosa fare. Prima d'iniziare a incolpare il progetto, dovresti assicurarti che alcune cose siano in ordine, come fanno i piloti di linea quando passano attraverso una lista di controllo per assicurarsi che l'aereo volerà correttamente prima del decollo: collega il tuo Arduino a una presa USB del tuo computer.

- Assicurati che il computer sia acceso (sì, sembra stupido, ma è successo). Se la luce verde contrassegnata con PWR si accende, significa che il computer sta alimentando la scheda. Se il LED sembra molto debole, qualcosa non va con l'alimentazione: prova un cavo USB diverso, ispeziona la porta USB del computer e la presa USB di Arduino per vedere se ci sono danni. Se tutto il resto fallisce, prova una porta USB diversa sul tuo computer o un computer completamente diverso;
- Se Arduino è nuovo di zecca, il LED giallo contrassegnato con "L" inizierà a lampeggiare in modo un po' nervoso; questo è il programma di test che è stato caricato in fabbrica per testare la scheda;
- Se hai utilizzato un alimentatore esterno e stai utilizzando un vecchio Arduino, assicurati che l'alimentatore sia collegato e che il ponticello contrassegnato con SV1 colleghi i due pin più vicini al connettore di alimentazione esterna.

Se hai eseguito correttamente tutti questi passaggi, puoi essere certo che il tuo Arduino funziona correttamente.

Testare il circuito

Ora collega la scheda alla breadboard eseguendo un ponticello dalle connessioni 5V e GND ai binari positivo e negativo della breadboard. Se il LED PWR verde si spegne, rimuovere immediatamente i cavi.

Ciò significa che c'è un grosso errore nel tuo circuito e hai un "cortocircuito" da qualche parte. Quando ciò accade, la tua scheda assorbe troppa corrente e l'alimentazione viene interrotta per proteggere il computer. Se stai riscontrando un cortocircuito, devi eseguire il processo di "semplificazione e segmentazione", quindi, quello che devi fare è passare attraverso tutti i sensori del progetto e collegarli uno alla volta.

La prima cosa da cui partire è sempre l'alimentazione (i collegamenti da 5V e GND). Controlla bene il circuito e assicurati che ogni parte del circuito sia alimentata correttamente. Lavorare passo dopo passo e apportare una singola modifica alla volta è la regola numero uno per sistemare le cose.

Questo è molto importante, perché saprai cosa ha risolto il problema (è fin troppo facile perdere traccia di quale modifica ha effettivamente risolto il problema, motivo per cui è così importante farne una alla volta). Ogni esperienza di debug creerà nella tua testa una "base di conoscenza" di difetti e possibili soluzioni e, prima che tu te ne accorga, diventerai un esperto. Questo ti farà sembrare tutto molto bello, perché non appena un principiante dice "Non funziona!" Darai una rapida occhiata e avrai la risposta in una frazione di secondo, questa è l'esperienza!

Isolare il problema

Un'altra regola importante è trovare un modo affidabile per riprodurre un problema. Se il tuo circuito si comporta in modo strano in momenti casuali, sforzati di capire il momento esatto in cui si verifica il problema e la causa. Questo processo ti permetterà di pensare a una possibile causa, è anche molto utile quando devi spiegare a qualcun altro cosa sta succedendo.

Descrivere il problema nel modo più preciso possibile è anche un buon modo per trovare una soluzione. Cerca di trovare qualcuno a cui spiegare il problema: in molti casi, una soluzione ti verrà in mente mentre articoli il problema.

Se sei bloccato, non passare giorni da solo alla ricerca del problema: chiedi aiuto. Una delle cose migliori di Arduino è la sua comunità, puoi sempre trovare aiuto se riesci a descrivere bene il tuo problema.

Prendi l'abitudine di tagliare e incollare gli errori in un motore di ricerca e vedere se qualcuno ne parla. Ad esempio, quando l'IDE di Arduino restituisce un brutto messaggio di errore, copialo e incollalo in una ricerca su Google e guarda cosa viene fuori. Fai lo stesso con i bit di codice su cui stai lavorando o solo con il nome di una funzione specifica. Guardati intorno: tutto è già stato inventato ed è memorizzato da qualche parte su una pagina web.

Per ulteriori approfondimenti, inizia dal sito Web principale www.arduino.cc e guardare le FAQ quindi passa al Playground, un Wiki liberamente modificabile che qualsiasi utente può modificare per contribuire alla documentazione, è una delle parti migliori dell'intera filosofia open source.

Le persone contribuiscono alla documentazione e agli esempi di tutto ciò che puoi fare con Arduino. Prima d'iniziare un progetto, cerca nel Playground e troverai un po' di codice o uno schema del circuito per iniziare.

Problemi con l'IDE

In alcuni casi, potresti avere problemi con l'IDE di Arduino, in particolare su Windows. Se ricevi un errore quando fai doppio clic sull'icona di Arduino, o se non succede nulla, prova a fare doppio clic sul file run.bat come metodo alternativo per avviare Arduino.

Gli utenti Windows possono anche incorrere in un problema se il sistema operativo assegna un numero di porta COM10 o maggiore ad Arduino. Se ciò accade, di solito puoi convincere Windows ad assegnare un numero di porta inferiore ad Arduino.

Innanzitutto, apri "Gestione periferiche" facendo clic sul menu "Start", facendo clic con il pulsante destro del mouse su Risorse del computer e scegliendo Proprietà.

Cerca i dispositivi seriali nell'elenco sotto "Porte (COM e LPT)". Trova un dispositivo seriale che non stai utilizzando con il numero COM9 o inferiore. Fai clic con il pulsante destro del mouse e scegli "Proprietà" dal menu, quindi, scegli la scheda "Impostazioni porta" e fai clic su "Avanzate".

Imposta il numero di porta COM su COM10 o superiore, fai clic su "OK" e fai nuovamente clic su "OK" per chiudere la finestra di dialogo Proprietà. Ora fai lo stesso con il dispositivo USB Serial Port che rappresenta Arduino, con una modifica: assegnagli il numero di porta COM (COM9 o inferiore) che hai appena liberato. Se questi suggerimenti non ti aiutano o se hai un problema non descritto qui, controlla la pagina di risoluzione dei problemi di Arduino.

Don't miss out!

Visit the website below and you can sign up to receive emails whenever Oscar R. Frost publishes a new book. There's no charge and no obligation.

https://books2read.com/r/B-A-VXBZ-AYHWC

BOOKS 2 READ

Connecting independent readers to independent writers.

Did you love *Arduino: Scopri Tutti i Segreti per lo Sviluppo e la Programmazione del Microcontrollore per Maker e Hobbisti. Contiene Esempi di Codice ed Esercizi Pratici.*? Then you should read *Raspberry Pi: Scopri Tutti i Segreti per lo Sviluppo e Programmazione del Micro Computer per Maker e Hobbisti. Contiene Esempi di Codice ed Esercizi Pratici*[1] by Oscar R. Frost!

[2]

Scopri tutte le funzionalità e possibilità che il Raspberry Pi può offrire!

Vuoi conoscere tutte le funzionalità di Raspberry Pi?Vuoi imparare a costruire progetti e robot?Vuoi scoprire come creare un programma che generi tabelline?

---

1. https://books2read.com/u/3R5MRY

2. https://books2read.com/u/3R5MRY

Rasberry Pi è molto di più di un semplice computer. Non solo consente di svolgere le principali funzioni di un normale pc come ascoltare la musica, elaborare testi, guardare un film, ma è un punto di accesso per la programmazione, l'elettronica e il fantastico mondo di Linux.

Grazie a questo libro imparerai a sfruttare al massimo il tuo Raspberry Pi e scoprirai tutto ciò che è possibile ottenere da esso. Dopo una prima parte introduttiva per comprendere al meglio che cosa è Raspberry Pi e perché è importante utilizzarlo, farai un viaggio che ti consentirà di comprendere tutte le nozioni necessarie per programmare e creare progetti. Dalla configurazione del sistema operativo fino ad arrivare alla lavorazione e programmazione con GPIO. Il linguaggio semplice, le istruzioni chiare, gli esempi pratici e dettagliati ti consentiranno un percorso di apprendimento facile e veloce. Alla fine della lettura sarai in grado di partire da un idea per arrivare fino alla sua realizzazione!

Ecco che cosa otterrai da questo libro:

- ***Che cosa è Raspberry Pi e perché utilizzarlo***
- I dispositivi compatibili con Raspberry Pi: cosa ti serve
- ***Come creare la scheda SD con il sistema operativo***
- I passaggi per configurare il software di Raspberry Pi
- ***Il desktop: caratteristiche e interfaccia***
- Come impartire istruzioni al tuo Raspberry Pi: Shell Linux
- ***Come sono organizzate le directory***
- Gli step per creare un programma che generi tabelline
- ***GPIO: come collegare hardware al tuo Raspberry Pi***
- I passaggi per programmare con GPIO
- ***E molto di più!***

Grande quanto una carta di credito, questo computer è il sogno di qualsiasi informatico e amante della robotica. In grado di svolgere notevoli attività: dalla navigazione in internet, all'ascolto di musica ma non solo, è infatti progettato per insegnare a tutti come programmare con i vari linguaggi.

Also by Oscar R. Frost

Raspberry Pi: Scopri Tutti i Segreti per lo Sviluppo e Programmazione del Micro Computer per Maker e Hobbisti. Contiene Esempi di Codice ed Esercizi Pratici
MySQL: Guida Completa ai Database SQL per Principianti. Contiene Esempi di Codice ed Esercizi Pratici.
Arduino: Scopri Tutti i Segreti per lo Sviluppo e la Programmazione del Microcontrollore per Maker e Hobbisti. Contiene Esempi di Codice ed Esercizi Pratici.

www.ingramcontent.com/pod-product-compliance
Lightning Source LLC
Chambersburg PA
CBHW061626130726
47996CB00003B/1138